PREMIERS
EXERCICES

amusants

D0317625

Les dominos

Relie deux par deux les dominos
qui totalisent le même nombre de
points.

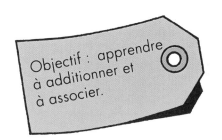

Objectif : apprendre
à additionner et
à associer.

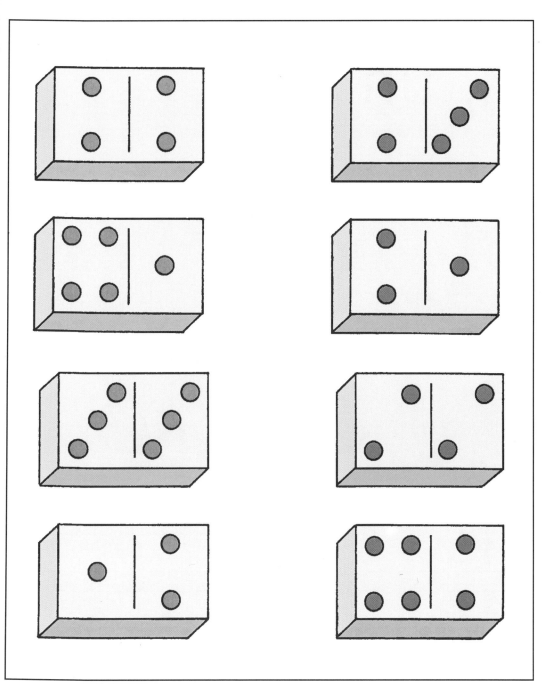

Un rhinocéros

Ecris le chiffre 1 tout d'abord en passant sur les lignes pointillées. Ensuite, écris le chiffre 1 tout seul.

Objectif : apprendre à écrire le chiffre 1.

1, un

Le plus petit

Entoure dans chaque rangée ce qui est le plus petit dans la réalité.

Objectif : connaître la grandeur réelle des objets et des animaux.

Le plus grand

Entoure dans chaque rangée ce qui est le plus grand dans la réalité.

Objectif : connaître la grandeur réelle des objets.

Au cirque

Relie d'un trait chaque lettre du mot aux lettres qui le composent.

Objectif : reconnaître toutes les lettres faisant partie d'un mot.

clown

b   n   r
       l
c
     p   i
v
      o
e   w

dompteur

p   t   r
   u   q
      a
o   m
    d
c   h   e

Dessiner

Achève chacune de ces formes en suivant la même logique.

Objectif : maîtriser un exercice dans l'espace.

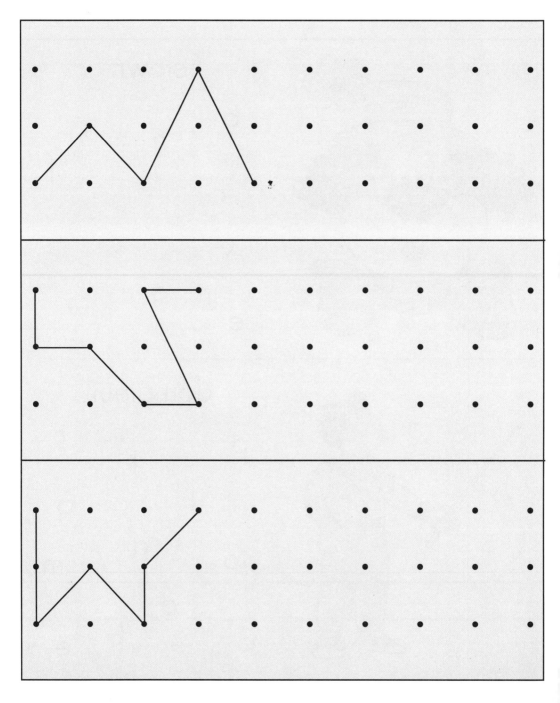

Les carrés et les rectangles

Entoure tous les carrés en bleu et tous les rectangles en rouge.

Objectif : reconnaître des formes géométriques telles que le carré et le rectangle.

Relier

Trace un trait de chaque dessin vers le mot correspondant.

Objectif : visualiser et reconnaître de petits mots simples.

chat

poire

coq

maison

lion

table

plume

Deux kangourous

Ecris le chiffre 2 tout d'abord en passant sur les lignes pointillées. Ensuite, écris le chiffre 2 tout seul.

Objectif : apprendre à écrire le chiffre 2.

2, deux

Compter et calculer

Compte les objets illustrés dans chaque rangée. Inscris le résultat dans la première colonne. Ajoute ensuite 1 et inscris le résultat dans la dernière colonne.

Objectif : apprendre la notion plus un.

Combien ?		+ 1

Compter

Relie chaque groupe d'objets ou
d'animaux au chiffre correspondant.

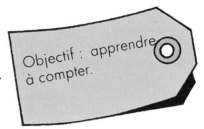

Objectif : apprendre
à compter.

1	
2	
3	
4	
5	

À la maison

Recherche les éléments encadrés
dans le dessin du bas.

Objectif : rechercher, par comparaison, des éléments dans un dessin.

Observer

Recherche les éléments encadrés
dans le dessin du bas.

Objectif : rechercher,
par comparaison,
des éléments dans
un dessin.

Grand et petit

Trace pour chaque animal un trait du plus petit vers le plus grand.

Objectif : apprendre les notions de grandeur.

Trois vaches

Ecris le chiffre 3 tout d'abord en passant sur les lignes pointillées. Ensuite, écris le chiffre 3 tout seul.

Objectif : apprendre à écrire le chiffre 3.

La vie

Replace ces quatre stades de la vie dans le bon ordre en les numérotant de 1 à 4.

Objectif : déterminer la suite logique d'une histoire dans le temps.

Les animaux

Relie chaque tête à l'animal correspondant.

Objectif : reconnaître les animaux.

Compter

Entoure dans chaque colonne
autant d'objets que te l'indique
le chiffre dans la case.

Objectif : apprendre
à associer des
chiffres avec le
nombre de dessins
correspondants.

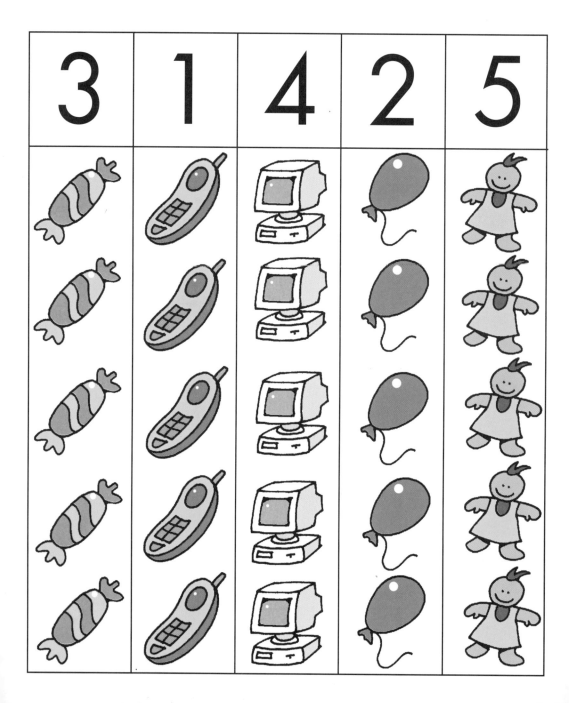

De 1 à 10

Relie les chiffres dans le bon ordre.

Objectif : apprendre l'ordre croissant des chiffres de 1 à 10.

| 1 | 2 | 3 | 4 | 5 | 6 | 7 | 8 | 9 | 10 |

Compter et calculer

Compte les objets illustrés dans chaque rangée et inscris le résultat dans la première colonne. Retranche ensuite 1 et inscris le résultat dans la dernière colonne.

Objectif : apprendre la notion moins 1.

Combien ?		- 1

Quatre autruches

Ecris le chiffre 4 tout d'abord en passant sur les lignes pointillées. Ensuite, écris le chiffre 4 tout seul.

Objectif : apprendre à écrire le chiffre 4.

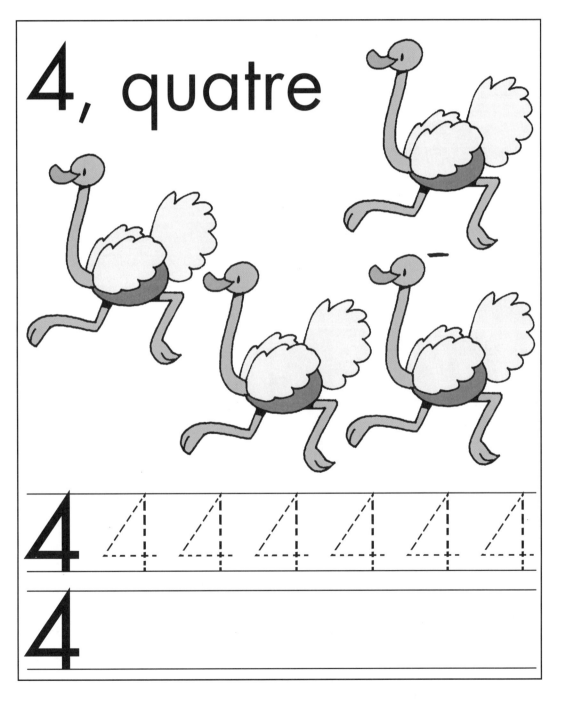

4, quatre

Labyrinthe

Passe avec ton crayon sur les pointillés et aide ainsi cette voiture à arriver jusqu'au feu de signalisation.

Objectif : tracer une ligne continue entre deux lignes droites.

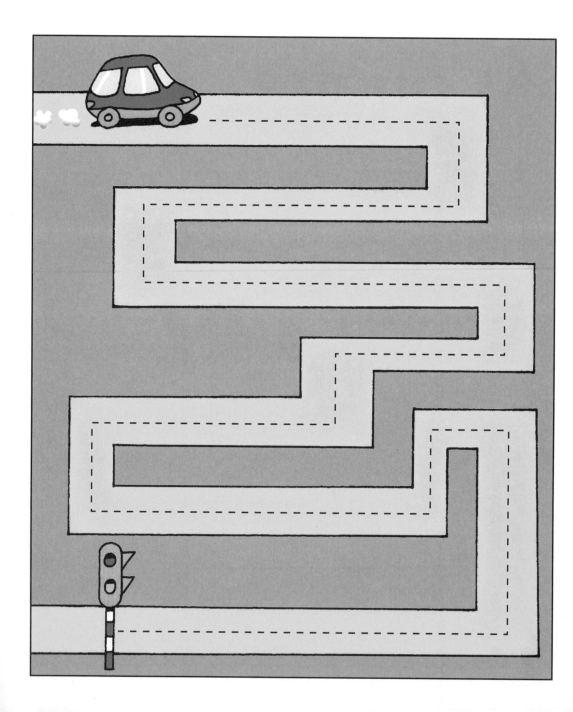

Les chiffres de 1 à 10

Ecris les chiffres manquants dans
chaque colonne.

Objectif : apprendre
les chiffres de 1
à 10.

1	...	...	1
...	2	...	...
3	...	3	...
4	4	...	...
...	5	...	5
6	...	6	...
7	7	...	...
8	8	...	...
...	9	9	...
10	...	...	10

Gauche, droite

Dessine une flèche vers la droite
en dessous des animaux ou des
personnages se rendant dans cette
direction. Dessine une flèche vers la
gauche en dessous de ceux qui se
rendent dans cette direction.

Objectif : maîtriser
les notions de
gauche et droite.

Les réveils

Inscris les chiffres sur le cadran de chaque réveil.

Objectif : initier à l'apprentissage de l'heure.

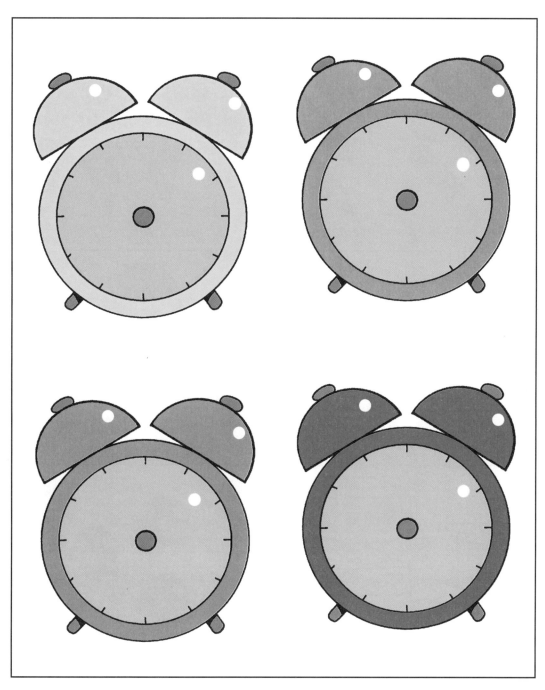

Compter

Entoure dans chaque case le chiffre correspondant au nombre d'objets illustrés.

Objectif : créer un lien entre un chiffre et la quantité correspondante.

3   5   6   8   9

2   4   6   7   9

1   3   4   7   8

3   4   5   6   10

2   5   7   8   9

3   4   6   7   8

Cinq lions

Ecris le chiffre 5 tout d'abord en passant sur les lignes pointillées. Ensuite, écris le chiffre 5 tout seul.

Objectif : apprendre à écrire le chiffre 5.

Diviser

Dans chaque colonne, entoure des groupes de 2, 4 et 7 objets.

Objectif : former des ensembles.

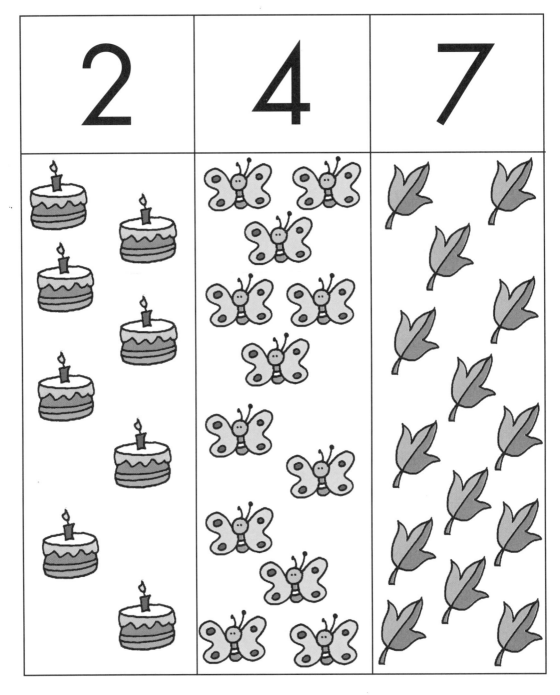

Premier, dernier

Suis les instructions données ci-dessous.

Objectif : apprendre les notions de premier et de dernier.

Entoure le premier vélo en vert et le dernier en rose.

Entoure la première fleur en rouge et la dernière en jaune.

Entoure la première chaise en brun et la dernière en bleu.

Entoure la première pomme en rouge et la dernière en vert.

Calculer et colorier

Résous ces additions et colorie
ensuite suivant le code.

Objectif : résoudre
de petites additions.

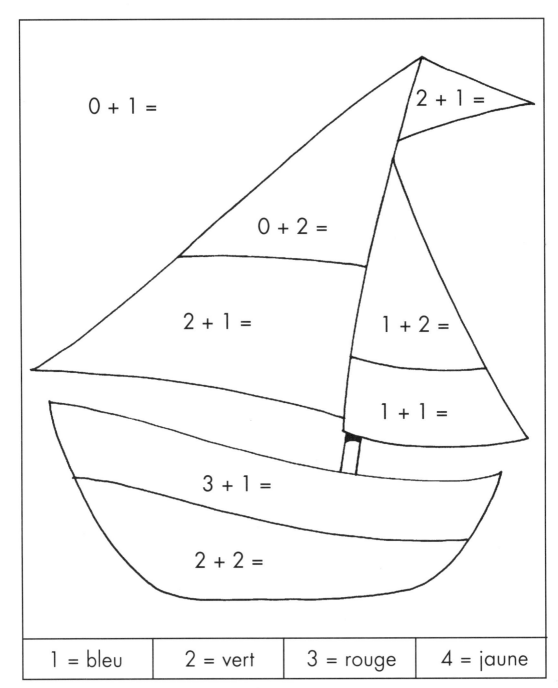

| 1 = bleu | 2 = vert | 3 = rouge | 4 = jaune |

Additionner et relier

Résous tout d'abord les additions.
Ensuite, relie d'un trait les résultats
ainsi obtenus aux groupes
correspondants.

Objectif : associer le résultat d'une addition et un groupe d'objets.

$3 + 1 =$	
$4 + 1 =$	
$0 + 2 =$	
$3 + 2 =$	
$2 + 2 =$	
$1 + 3 =$	

Au-dessus, en dessous

Entoure en rouge tous les objets qui se trouvent au-dessus d'un animal et en bleu tous ceux qui se trouvent en dessous.

Objectif : maîtriser les notions au-dessus et en dessous.

Égal

Dessine dans la case de droite autant d'objets que nécessaire pour obtenir une quantité égale à celle représentée dans la case de gauche.

Objectif : apprendre la notion d'égalité.

Six perroquets

Ecris le chiffre 6 tout d'abord en
passant sur les lignes pointillées.
Ensuite, écris le chiffre 6 tout seul.

Objectif : apprendre
à écrire le chiffre 6.

La ligne droite

Trace des lignes droites en repassant sur les pointillés.

Objectif : apprendre à tracer des lignes droites.

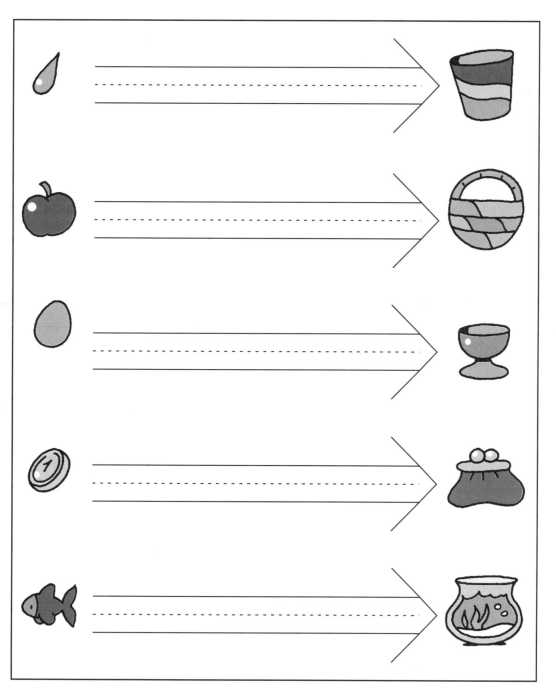

Compter de 1 à 3

Entoure dans chaque colonne la case qui comporte autant de sujets qu'indiqué par le chiffre placé en haut.

Objectif : associer un chiffre à un ensemble comportant le même nombre d'éléments.

La pluie

Passe avec ton crayon sur les lignes pointillées.

Objectif :
apprendre à
dessiner des courbes.

Long ou court ?

Entoure dans chaque rangée le dessin le plus long en vert et le plus court en rouge.

Objectif : maîtriser les notions long et court.

Sept écureuils

Ecris le chiffre 7 tout d'abord en passant sur les lignes pointillées. Ensuite, écris le chiffre 7 tout seul.

Objectif : apprendre à écrire le chiffre 7.

Entre

Entoure le dessin qui se trouve entre
les deux autres.

Objectif :
comprendre la
notion entre.

Les mêmes

Entoure dans chaque colonne les
deux dessins identiques.

Objectif : apprendre
à reconnaître deux
choses identiques.

Dessiner

Observe bien les dessins de gauche. Complète ensuite les dessins de droite pour qu'ils soient identiques à ceux de gauche.

Objectif : observer et relever tous les détails d'une illustration.

Soustraire

Résous ces petites soustractions.

Objectif : apprendre à soustraire.

1 - 0 =

9 - 2 =

5 - 3 =

5 - 5 =

8 - 4 =

4 - 3 =

Huit hiboux

Ecris le chiffre 8 tout d'abord en passant sur les lignes pointillées. Ensuite, écris le chiffre 8 tout seul.

Objectif : apprendre à écrire le chiffre 8.

8, huit

Les dominos

Relie deux par deux les dominos qui totalisent le même nombre de points.

Objectif : apprendre à additionner et à associer.

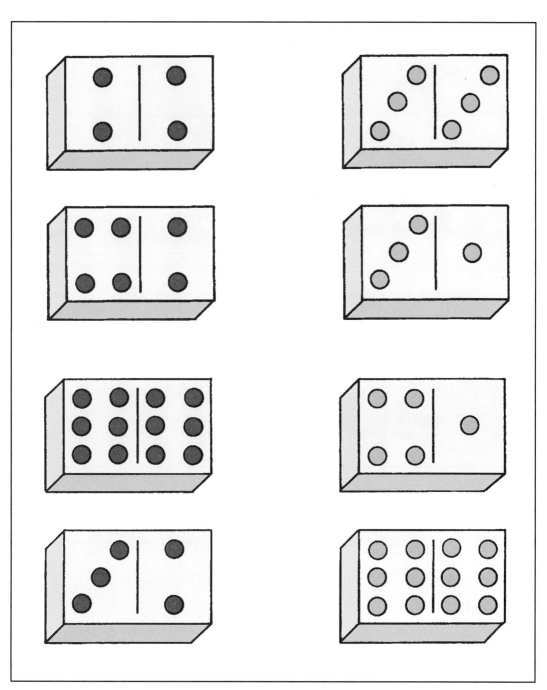

Le plus petit

Entoure dans chaque rangée ce qui est le plus petit dans la réalité.

Objectif : connaître la grandeur réelle des choses et des personnes.

Au zoo

Relie d'un trait chaque lettre du mot aux lettres qui le composent.

Objectif : reconnaître toutes les lettres faisant partie d'un mot.

lion

i   r

u

t   l

s

o   p   a

n   k

e

tigre

g   r

r   q

o   a

i

t   f

v   h   e

Dessiner

Achève chacune de ces formes en suivant la même logique.

Objectif : maîtriser un exercice dans l'espace.

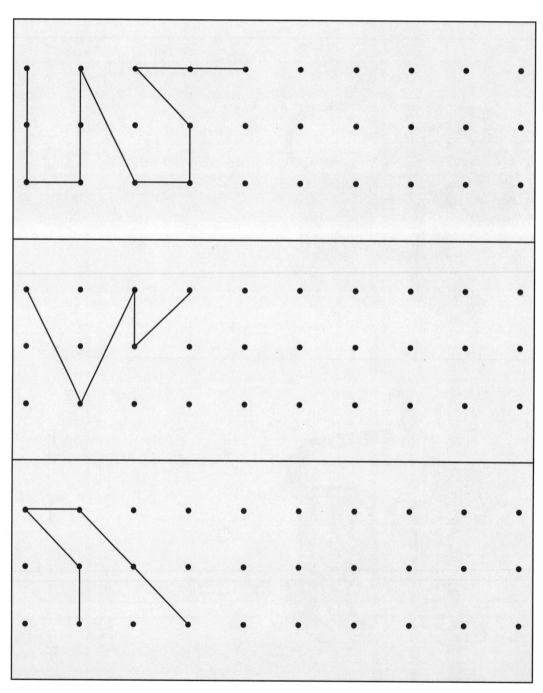

Neuf aigles

Ecris le chiffre 9 tout d'abord en passant sur les lignes pointillées. Ensuite, écris le chiffre 9 tout seul.

Objectif : apprendre à écrire le chiffre 9.

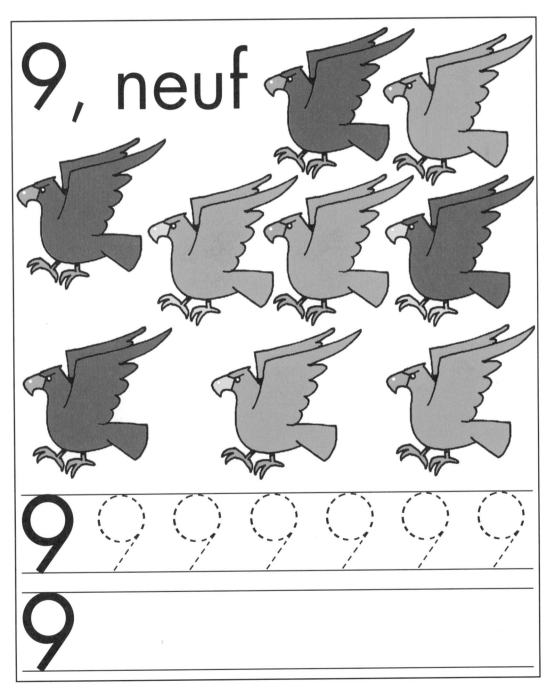

Les carrés et les rectangles

Entoure tous les carrés en bleu et tous les rectangles en rouge.

Objectif : reconnaître des formes géométriques telles que le carré et le rectangle.

Relier

Trace un trait de chaque dessin vers le mot correspondant.

Objectif : visualiser et reconnaître de petits mots simples.

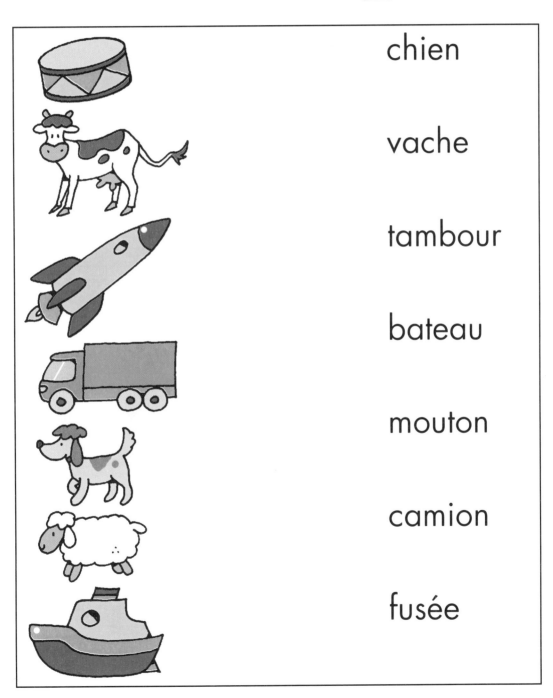

chien

vache

tambour

bateau

mouton

camion

fusée

Compter et calculer

Compte les objets ou animaux illustrés dans chaque rangée. Inscris le résultat dans la première colonne. Ajoute ensuite 1 et inscris le résultat dans la dernière colonne.

Objectif : apprendre la notion plus un.

Combien ?		+ 1

Au marché

Recherche les éléments encadrés
dans le dessin du bas.

Objectif : rechercher, par comparaison, des éléments dans un dessin.

Dix fourmis

Ecris le nombre 10 tout d'abord
en passant sur les lignes pointillées.
Ensuite, écris le nombre 10 tout
seul.

Objectif : apprendre
à écrire le nombre
10.

Grand et petit

Trace pour chaque fleur un trait
de la plus petite vers la plus grande.

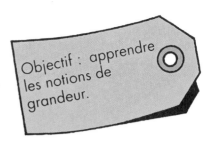

Objectif : apprendre
les notions de
grandeur.

Mauvais temps

Replace ces quatre scènes dans le bon ordre en les numérotant de 1 à 4.

Objectif : déterminer la suite logique d'une histoire dans le temps.

Le chiffre 1. Un

Entoure un pinceau.

Objectif : associer le chiffre 1 avec le nombre d'objets correspondant.

1 un

Les animaux

Relie chaque tête à l'animal correspondant.

Objectif : reconnaître les animaux.

Compter

Entoure dans chaque colonne autant d'objets que te l'indique le chiffre dans la case.

Objectif : apprendre à associer des chiffres avec le nombre de dessins correspondants.

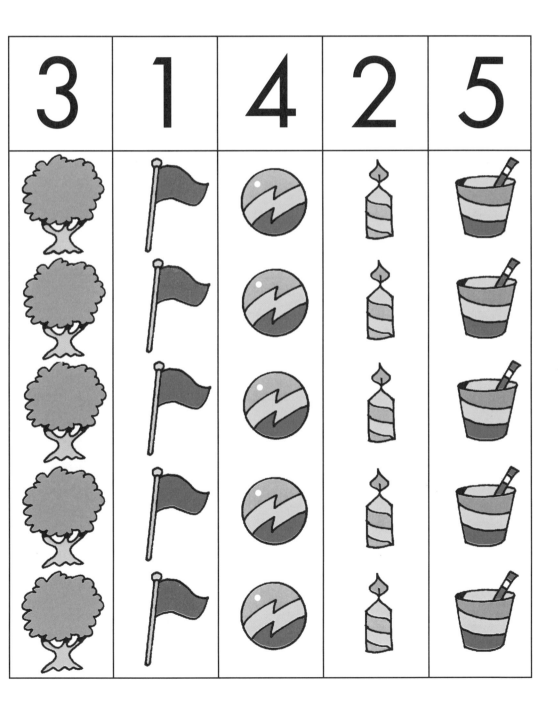

De 1 à 10

Relie les chiffres dans le bon ordre.

Objectif : apprendre l'ordre croissant des chiffres de 1 à 10.

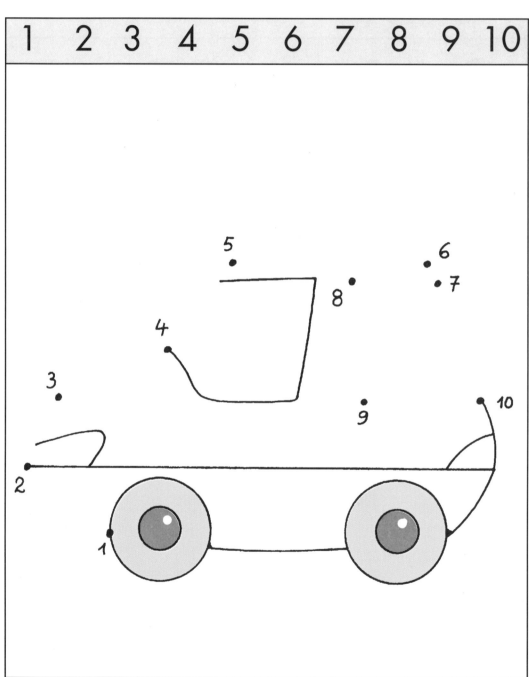

Compter et calculer

Compte les objets illustrés dans chaque rangée et inscris le résultat dans la première colonne. Retranche ensuite 1 et inscris le résultat dans la dernière colonne.

Objectif : apprendre la notion moins 1.

Combien ?		- 1

Labyrinthe

Passe avec ton crayon sur les pointillés et aide ainsi notre ami le chien à attraper le ballon.

Objectif : tracer une ligne continue entre deux lignes droites.

Le chiffre 2. Deux

Entoure deux toupies.

Objectif : associer le chiffre 2 avec le nombre d'objets correspondant.

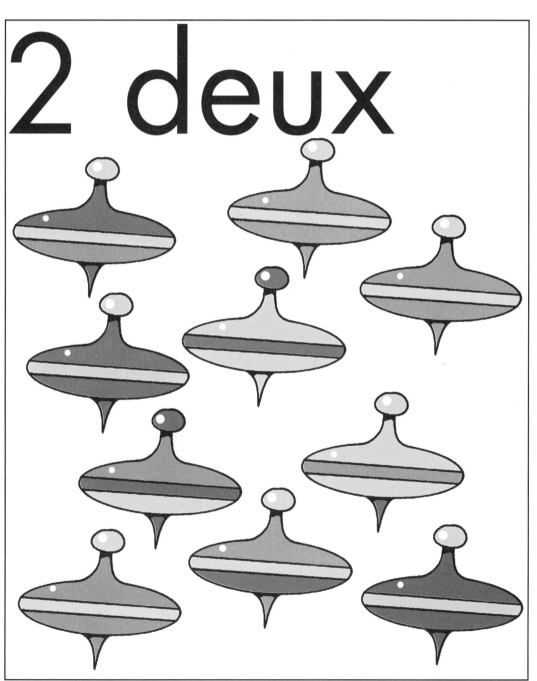

Gauche, droite

Dessine une flèche vers la droite en dessous des animaux ou des personnages se rendant dans cette direction. Dessine une flèche vers la gauche en dessous de ceux qui se rendent dans cette direction.

Objectif : maîtriser les notions de gauche et droite.

Les chiffres de 1 à 10

Ecris les chiffres manquants dans
chaque colonne.

Objectif : apprendre
les chiffres de 1
à 10.

1	...	...	1
...	2	...	...
3	...	3	...
4	4	...	...
...	5	...	5
6	...	6	...
7	7	...	...
8	8	...	...
...	9	9	...
10	...	...	10

Les montres

Dessine les aiguilles de ces montres pour qu'elles indiquent l'heure souhaitée.

Objectif : apprendre à lire l'heure.

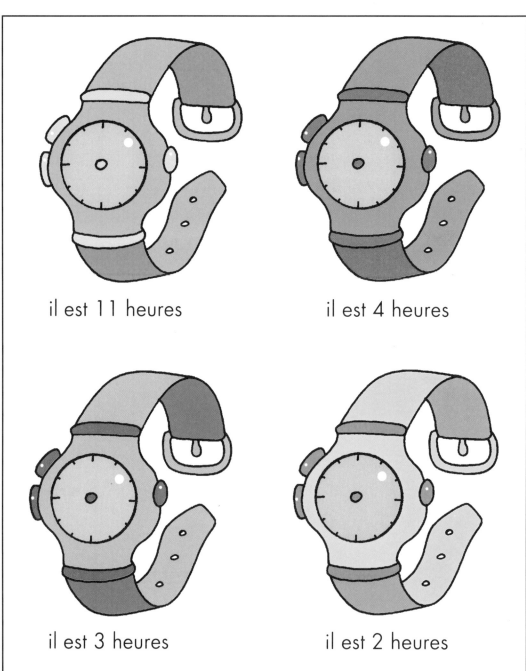

il est 11 heures

il est 4 heures

il est 3 heures

il est 2 heures

Compter

Entoure dans chaque case le chiffre correspondant au nombre d'objets illustrés.

Objectif : créer un lien entre un chiffre et la quantité correspondante.

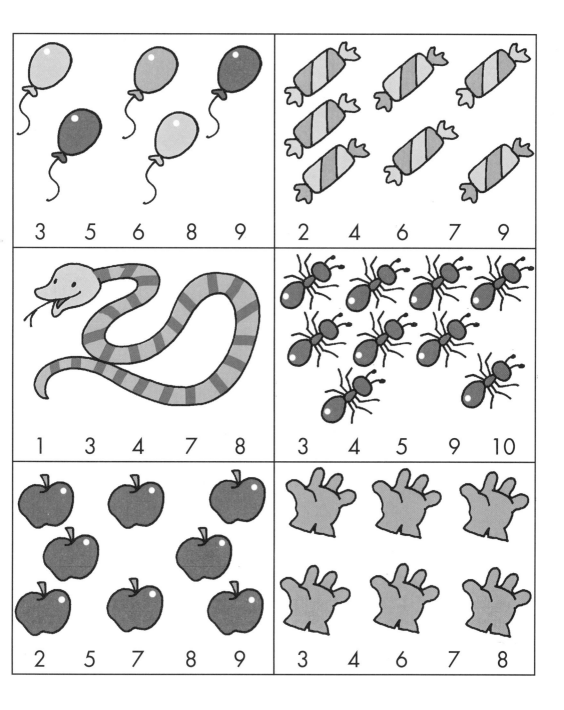

Quelle heure est-il ?

Inscris l'heure indiquée par chacune de ces horloges.

Objectif : apprendre à lire l'heure.

	il est ... heures
	il est ... heures
	il est ... heures
	il est ... heures

Diviser

Dans chaque colonne, entoure des groupes de 5, 2 et 8 objets.

Objectif : former des ensembles.

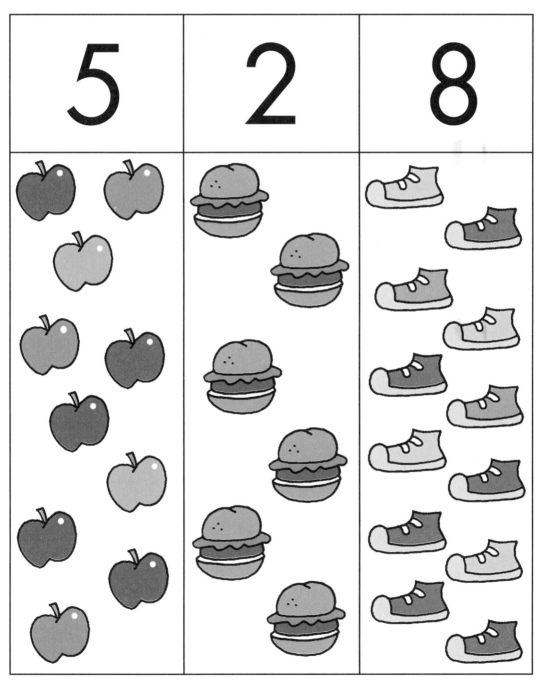

Premier, dernier

Suis les instructions données ci-dessous.

Objectif : apprendre les notions de premier et de dernier.

Entoure la première chaussure en rose et la dernière en jaune.

Entoure le premier téléphone en brun et le dernier en bleu.

Entoure le premier canapé en orange et le dernier en rouge.

Entoure le premier champignon en rouge et le dernier en rose.

Le chiffre 3. Trois

Entoure trois vers.

Objectif : associer le chiffre 3 avec le nombre d'objets correspondant.

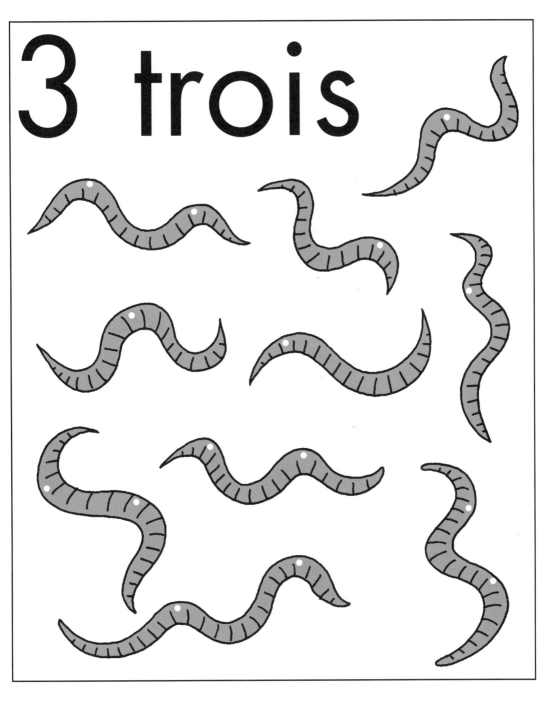

3 trois

Calculer et colorier

Résous ces additions et colorie
ensuite suivant le code.

Objectif : résoudre
de petites additions.

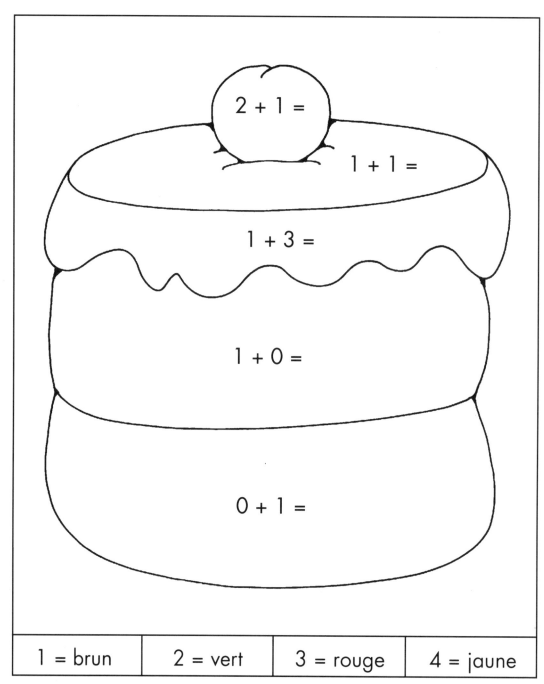

| 1 = brun | 2 = vert | 3 = rouge | 4 = jaune |

Additionner et relier

Résous tout d'abord les additions.
Ensuite, relie d'un trait les résultats
ainsi obtenus aux groupes
correspondants.

Objectif : associer le résultat d'une addition et un groupe d'objets.

| 5 + 0 = |
| 2 + 3 = |
| 3 + 1 = |
| 2 + 2 = |
| 1 + 4 = |
| 0 + 1 = |

Du plus petit au plus grand

Dans chaque colonne, classe ces objets par ordre de grandeur. Inscris le chiffre 1 à côté du plus petit et ainsi de suite jusqu'à 4.

Objectif : apprendre à classer des objets par ordre de grandeur.

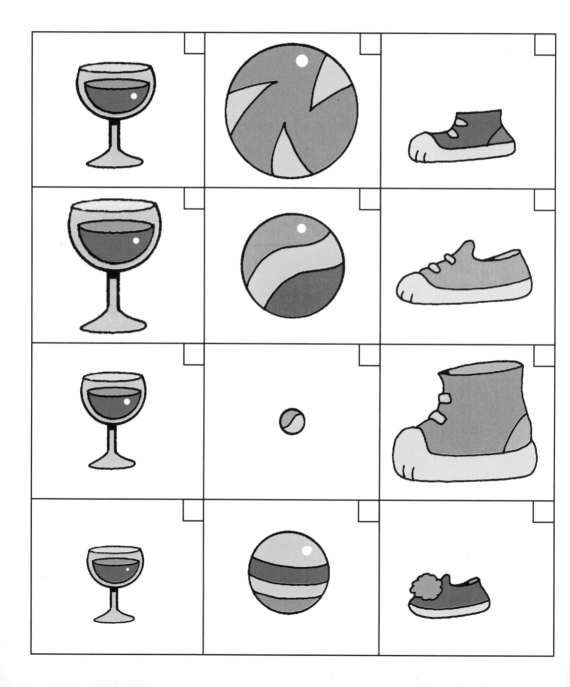

Égal

Dessine dans la case de droite autant d'objets que nécessaire pour obtenir une quantité égale à celle représentée dans la case de gauche.

Objectif : apprendre la notion d'égalité.

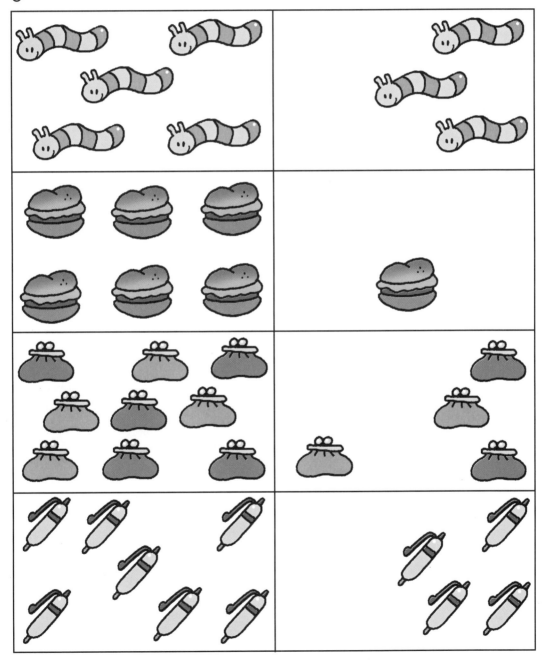

La ligne droite

Trace des lignes droites en
repassant sur les pointillés.

Objectif : apprendre
à tracer des lignes
droites.

Le chiffre 4. Quatre

Entoure quatre téléphones.

Objectif : associer le chiffre 4 avec le nombre d'objets correspondant.

Compter de 1 à 3

Entoure dans chaque colonne la case qui comporte autant de sujets qu'indiqué par le chiffre placé en haut.

Objectif : associer un chiffre à un ensemble comportant le même nombre d'éléments.

Le chameau

Passe avec ton crayon sur les lignes pointillées.

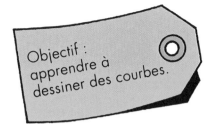

Objectif : apprendre à dessiner des courbes.

Long ou court ?

Entoure dans chaque rangée le dessin le plus long en vert et le plus court en rouge.

Objectif : maîtriser les notions long et court.

Le chiffre 5. Cinq

Entoure cinq pelles.

Objectif : associer le chiffre 5 avec le nombre d'objets correspondant.

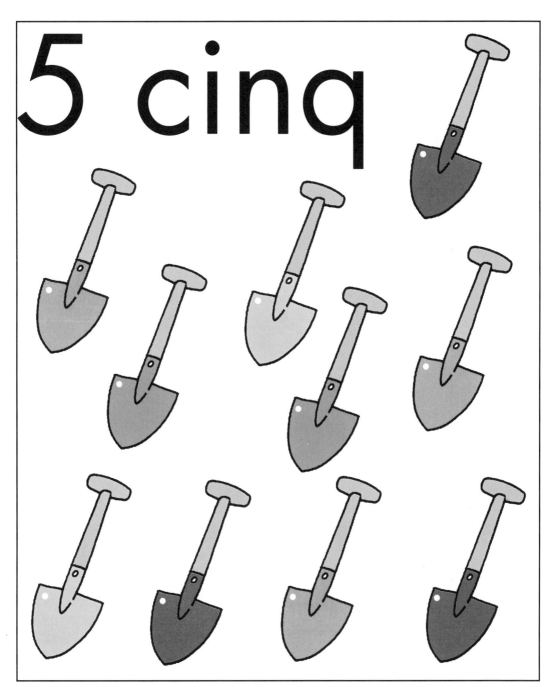

5 cinq

Entre

Entoure le dessin qui se trouve entre les deux autres.

Objectif : comprendre la notion entre.

Les mêmes

Entoure dans chaque colonne les
deux dessins identiques.

Objectif : apprendre à reconnaître deux choses identiques.

Dessiner

Observe bien les dessins de gauche. Complète ensuite les dessins de droite pour qu'ils soient identiques à ceux de gauche.

Objectif : observer et relever tous les détails d'une illustration.

Le soleil

Passe avec ton crayon sur les lignes pointillées.

Objectif : apprendre à dessiner des courbes.

Soustraire

Résous ces petites soustractions.

Objectif :
apprendre à
soustraire.

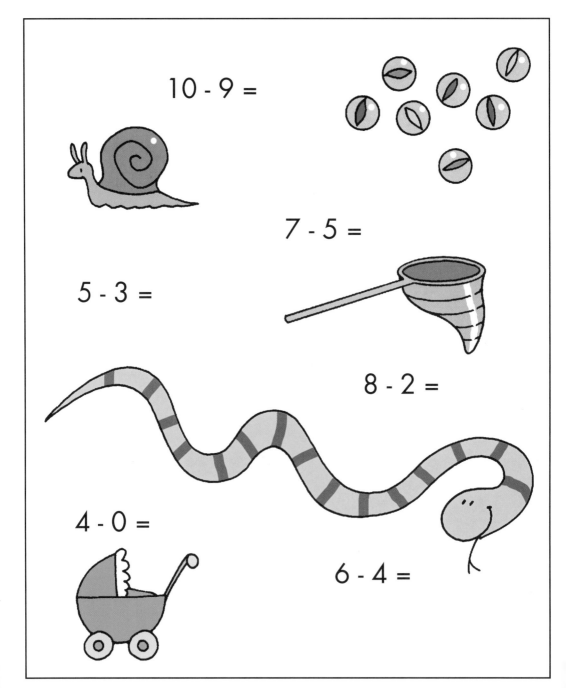

10 - 9 =

7 - 5 =

5 - 3 =

8 - 2 =

4 - 0 =

6 - 4 =

Le chiffre 6. Six

Entoure six poules.

Objectif : associer le chiffre 6 avec le nombre d'objets correspondant.

Les dés

Relie deux par deux les dés qui totalisent le même nombre de points.

Objectif : apprendre à additionner et à associer.

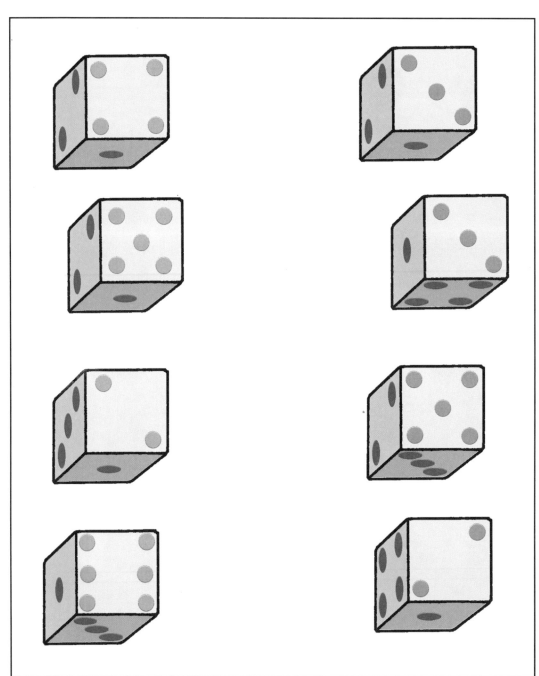

Le plus grand

Entoure dans chaque rangée ce qui est le plus grand dans la réalité.

Objectif : connaître la grandeur réelle des objets.

À l'école

Relie d'un trait chaque lettre du mot aux lettres qui le composent.

Objectif : reconnaître toutes les lettres faisant partie d'un mot.

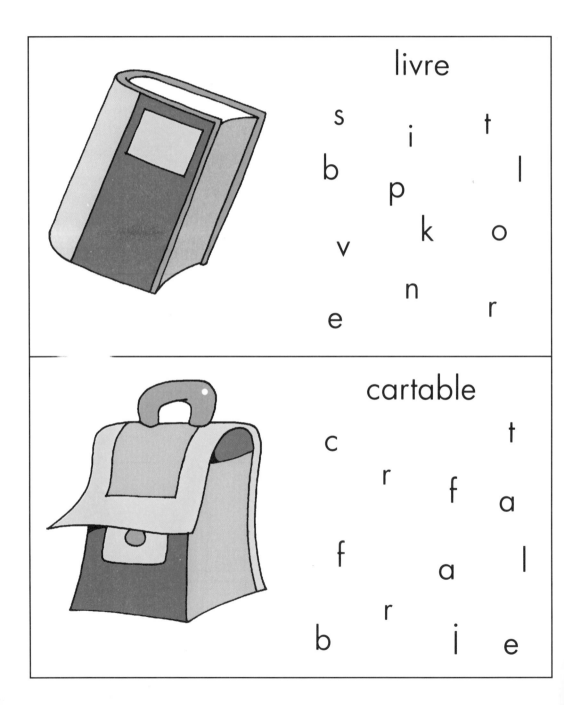

livre

s   i   t

b   p   l

v   k   o

n

e   r

cartable

c   t

r   f   a

f   a   l

r

b   i   e

Dessiner

Achève chacune de ces formes en suivant la même logique.

Objectif : maîtriser un exercice dans l'espace.

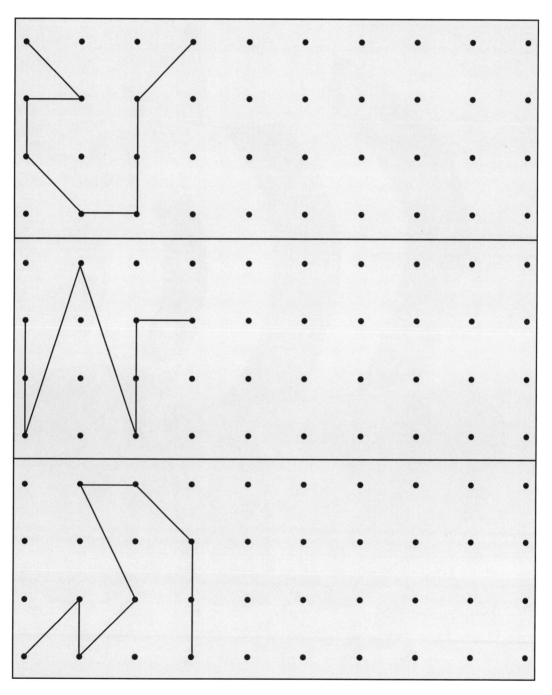

La mer

Passe avec ton crayon sur les lignes pointillées.

Objectif : apprendre à dessiner des courbes.

Quelle heure sera-t-il ?

Dessine dans la colonne de droite les aiguilles de ces horloges pour qu'elles indiquent chaque fois une heure de plus.

Objectif : apprendre à lire l'heure.

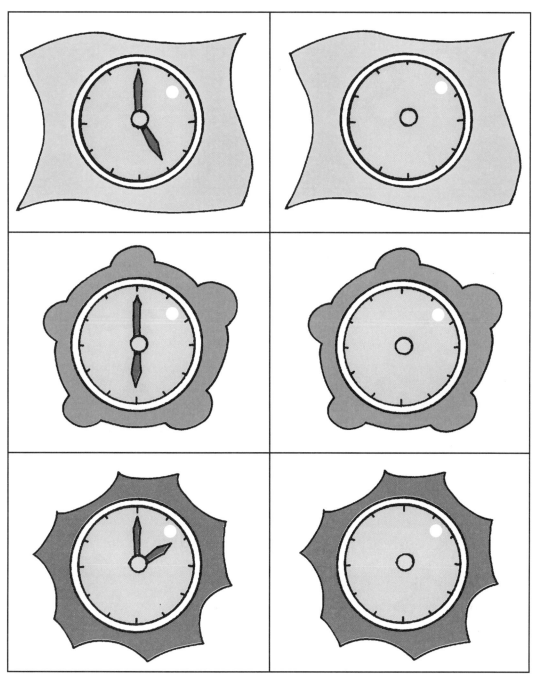

Le chiffre 7. Sept

Entoure sept sapins.

Objectif : associer le chiffre 7 avec le nombre d'objets correspondant.

Les cercles et les triangles

Entoure tous les cercles en vert et tous les triangles en jaune.

Objectif : reconnaître des formes géométriques telles que le cercle et le triangle.

Compter

Relie chaque groupe d'objets au
chiffre correspondant.

Objectif : apprendre
à compter.

1	
2	
3	
4	
5	

En route

Recherche les éléments encadrés dans le dessin du bas.

Objectif : rechercher, par comparaison, des éléments dans un dessin.

Grand et petit

Trace pour chaque fruit sec un trait du plus petit vers le plus grand.

Objectif : apprendre les notions de grandeur.

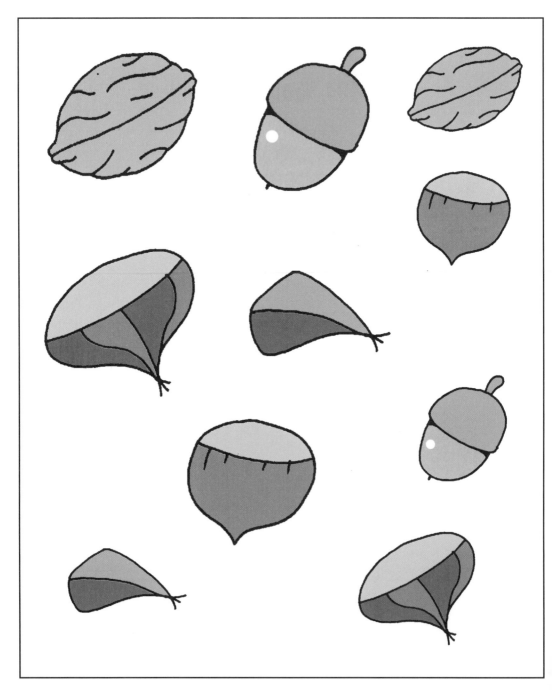

Le chiffre 8. Huit

Entoure huit chapeaux.

Objectif : associer le chiffre 8 avec le nombre d'objets correspondant.

Les sucettes

Passe avec ton crayon sur les lignes
pointillées.

Objectif :
apprendre à
dessiner des courbes.

Quel artiste !

Replace ces quatre scènes dans le bon ordre en les numérotant de 1 à 4.

Objectif : déterminer la suite logique d'une histoire dans le temps.

De 1 à 10

Relie les chiffres dans le bon ordre.

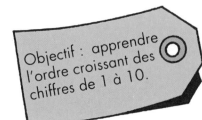

Objectif : apprendre l'ordre croissant des chiffres de 1 à 10.

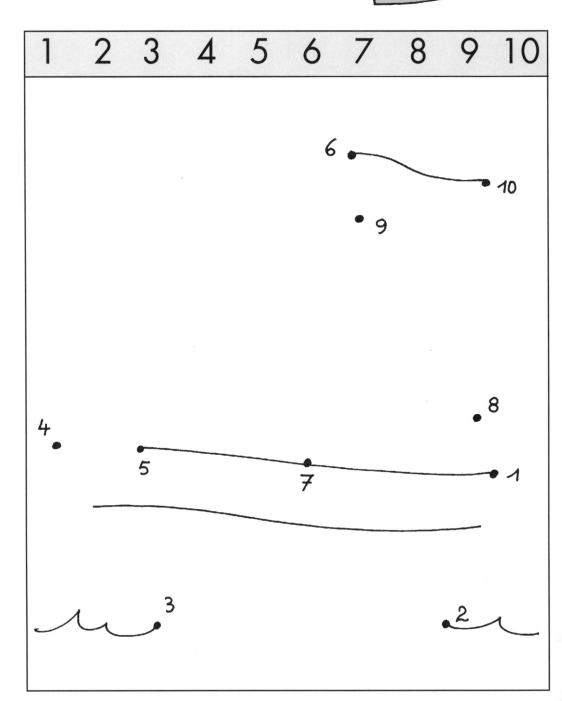

| 1 | 2 | 3 | 4 | 5 | 6 | 7 | 8 | 9 | 10 |

Les montres

Dessine les aiguilles de ces montres pour qu'elles indiquent l'heure souhaitée.

Objectif : apprendre à lire l'heure.

il est 4 heures

il est 5 heures

il est 8 heures

il est 11 heures

Compter

Entoure dans chaque case le chiffre
correspondant au nombre d'objets
illustrés.

Objectif : créer un
lien entre un chiffre
et la quantité
correspondante.

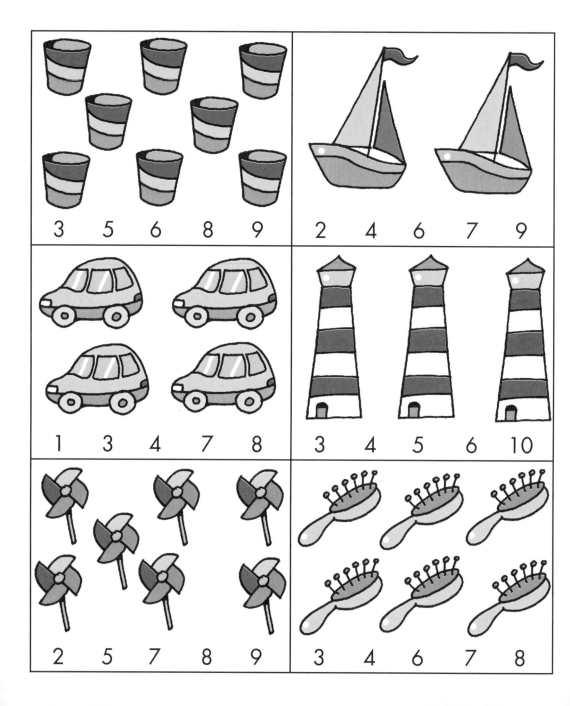

Calculer et colorier

Résous ces additions et colorie
ensuite suivant le code.

Objectif : résoudre
de petites additions.

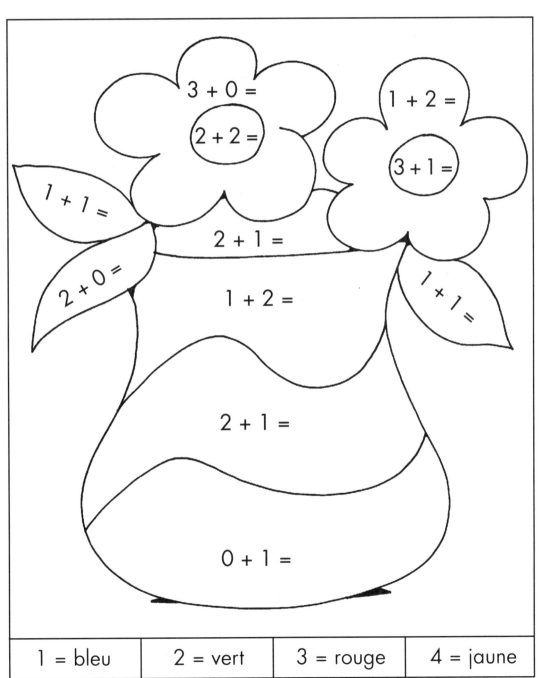

3 + 0 =

2 + 2 =

1 + 2 =

3 + 1 =

1 + 1 =

2 + 1 =

2 + 0 =

1 + 2 =

1 + 1 =

2 + 1 =

0 + 1 =

| 1 = bleu | 2 = vert | 3 = rouge | 4 = jaune |

Le chiffre 9. Neuf

Entoure neuf shorts.

Objectif : associer le chiffre 9 avec le nombre d'objets correspondant.

Du plus petit au plus grand

Dans chaque colonne, classe ces objets par ordre de grandeur. Inscris le chiffre 1 à côté du plus petit et ainsi de suite jusqu'à 4.

Objectif : apprendre à classer des objets par ordre de grandeur.

À table

Passe avec ton crayon sur les lignes pointillées.

Objectif :
apprendre à
dessiner des courbes.

La ligne droite

Trace des lignes droites en repassant sur les pointillés.

Objectif : apprendre à tracer des lignes droites.

Compter de 4 à 6

Entoure dans chaque colonne la case qui comporte autant de sujets qu'indiqué par le chiffre placé en haut.

Objectif : associer un chiffre à un ensemble comportant le même nombre d'éléments.

Quelle heure était-il ?

Dessine dans la colonne de droite les aiguilles de ces horloges pour qu'elles indiquent chaque fois une heure de moins.

Objectif : apprendre à lire l'heure.

Long ou court ?

Entoure dans chaque rangée le dessin le plus long en vert et le plus court en rouge.

Objectif : maîtriser les notions long et court.

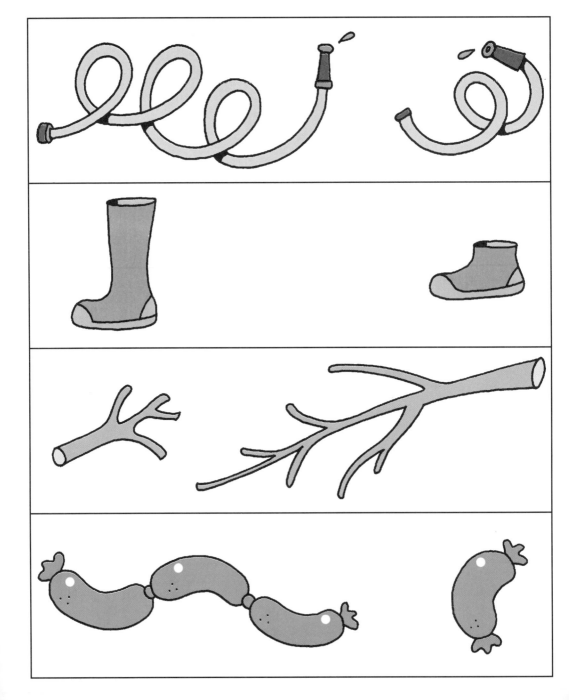

Le nombre 10. Dix

Entoure dix téléphones portables.

Objectif : associer le nombre 10 avec le nombre d'objets correspondant.

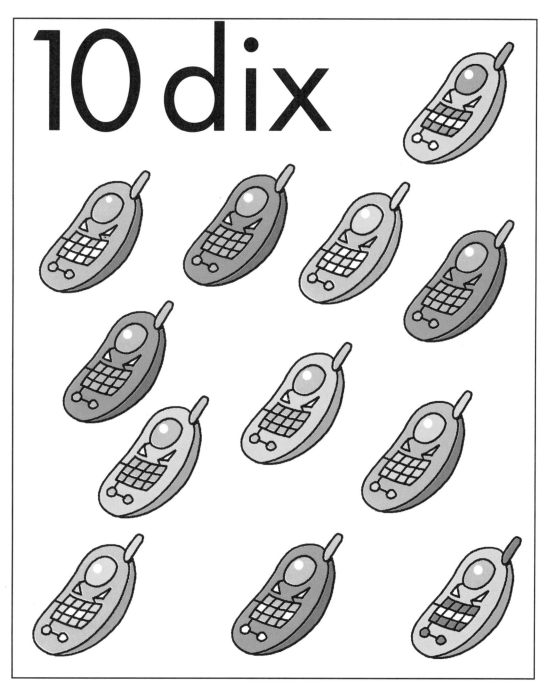

Les mêmes

Entoure dans chaque colonne les deux dessins identiques.

Objectif : apprendre à reconnaître deux choses identiques.

Dessiner

Observe bien les dessins de
gauche. Complète ensuite les
dessins de droite pour qu'ils soient
identiques à ceux de gauche.

Objectif : observer
et relever tous les
détails d'une illustration.

Soustraire

Résous ces petites soustractions.

Objectif : apprendre à soustraire.

1 - 1 =

3 - 1 =

8 - 2 =

5 - 4 =

9 - 6 =

7 - 3 =

Le chiffre 1

Objectif : apprendre à associer le chiffre 1 avec un nombre d'objets.

1 camion.

Entoure 1 avion.

Les poissons

Passe avec ton crayon sur les lignes pointillées.

Objectif : apprendre à dessiner des courbes.

Les dés

Relie deux par deux les dés qui totalisent le même nombre de points.

Objectif : apprendre à additionner et à associer.

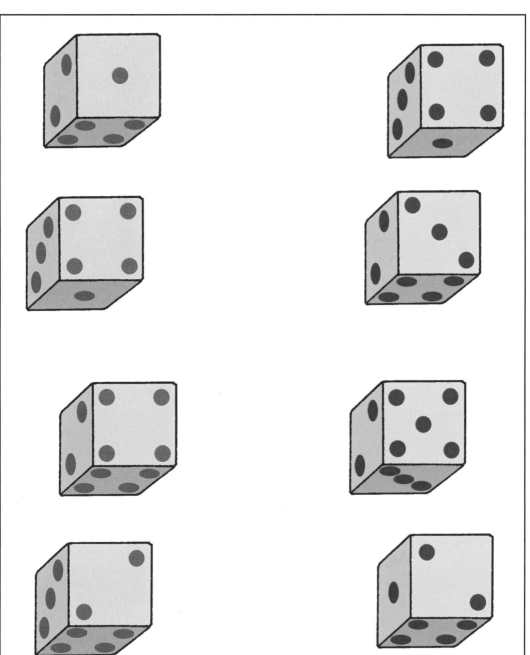

Plus et moins

Entoure dans chaque rangée le
groupe qui comporte le moins
d'animaux.

Objectif : maîtriser
les notions plus et
moins.

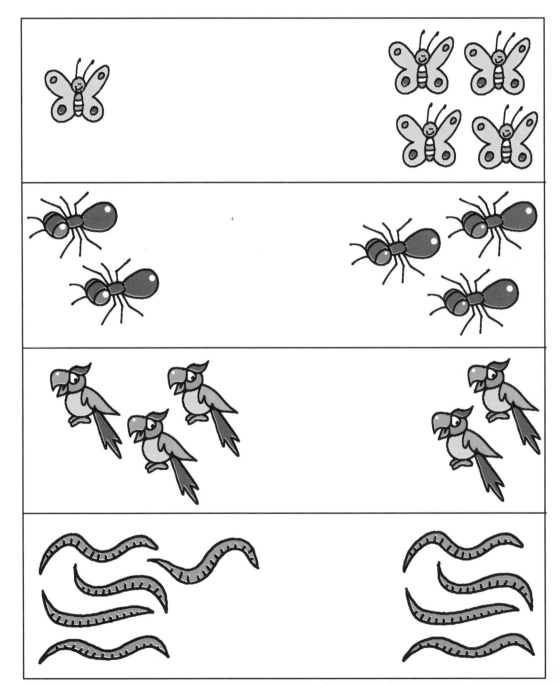

Dessiner

Achève chacune de ces formes en suivant la même logique.

Objectif : maîtriser un exercice dans l'espace.

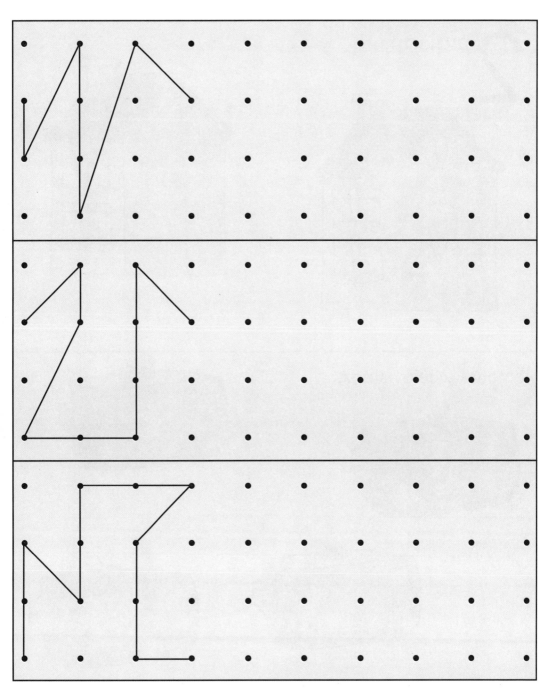

Le chiffre 2

Objectif : apprendre à associer le chiffre 2 avec un nombre d'objets.

2 maisons.

Entoure 2 télévisions.

Les cercles et les triangles

Entoure tous les cercles en vert et tous les triangles en jaune.

Objectif : reconnaître des formes géométriques telles que le cercle et le triangle.

Les fleurs

Passe avec ton crayon sur les lignes pointillées.

Objectif : apprendre à dessiner des courbes.

Quelle heure est-il ?

Inscris l'heure indiquée par chacune de ces horloges.

Objectif : apprendre à lire l'heure.

	il est ... heures
	il est ... heures
	il est ... heures
	il est ... heures

Compter

Relie chaque groupe d'objets ou d'animaux au chiffre correspondant.

Objectif : apprendre à compter.

6	
7	
8	
9	
10	

Grand et petit

Trace pour chaque aliment un trait du plus petit vers le plus grand.

Objectif : apprendre les notions de grandeur.

Le chiffre 3

Objectif : apprendre à associer le chiffre 3 avec un nombre d'objets.

3 garçons.

Entoure 3 réveils.

Une jolie fleur

Replace ces quatre scènes dans le bon ordre en les numérotant de 1 à 4.

Quelle heure sera-t-il ?

Dessine dans la colonne de droite les aiguilles de ces horloges pour qu'elles indiquent chaque fois une heure de plus.

Objectif : apprendre à lire l'heure.

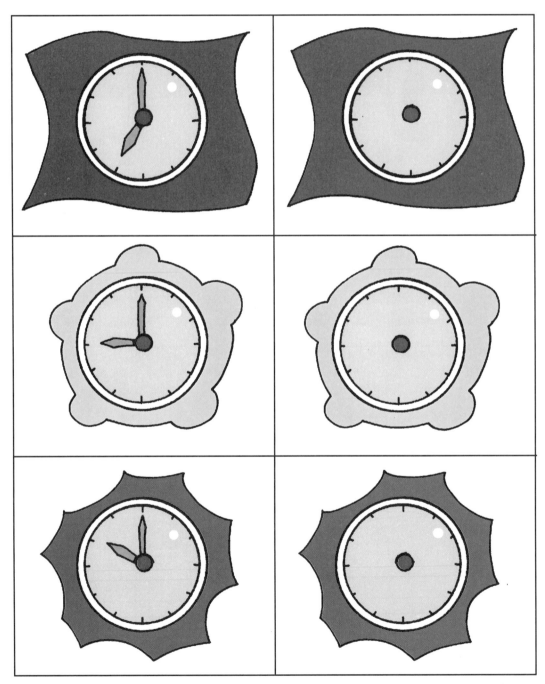

Compter

Entoure dans chaque case le chiffre correspondant au nombre d'objets ou d'animaux illustrés.

Objectif : créer un lien entre un chiffre et la quantité correspondante.

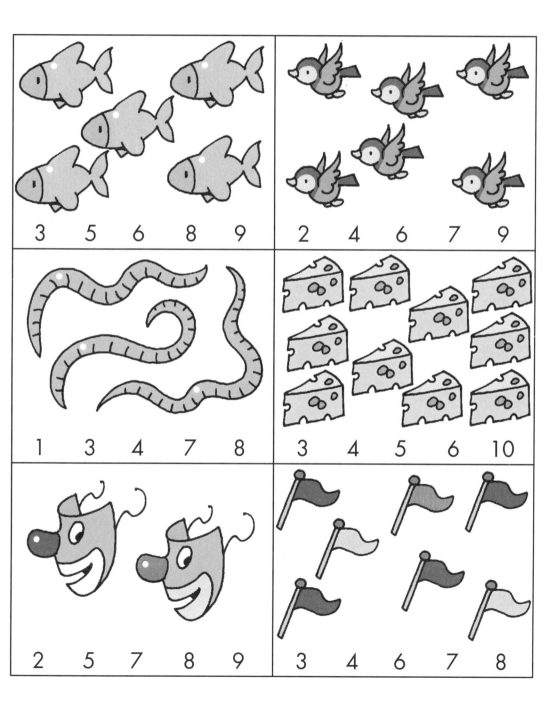

Additionner et relier

Résous tout d'abord les additions.
Ensuite, relie d'un trait les résultats
ainsi obtenus aux groupes
correspondants.

Objectif : associer le
résultat d'une
addition et un groupe
d'objets.

1 + 1 =	
2 + 0 =	
3 + 2 =	
4 + 0 =	
1 + 3 =	
4 + 1 =	

Du plus petit au plus grand

Dans chaque colonne, classe ces objets par ordre de grandeur. Inscris le chiffre 1 à côté du plus petit et ainsi de suite jusqu'à 4.

Objectif : apprendre à classer des objets par ordre de grandeur.

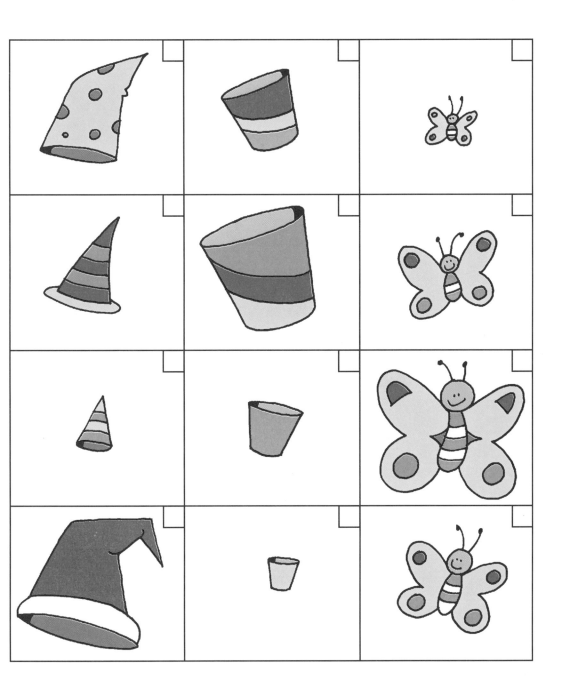

La ligne courbe

Passe avec ton crayon sur les lignes pointillées.

Objectif : apprendre à tracer des lignes courbes.

Compter de 4 à 6

Entoure dans chaque colonne la case qui comporte autant de sujets qu'indiqué par le chiffre placé en haut.

Objectif : associer un chiffre à un ensemble comportant le même nombre d'éléments.

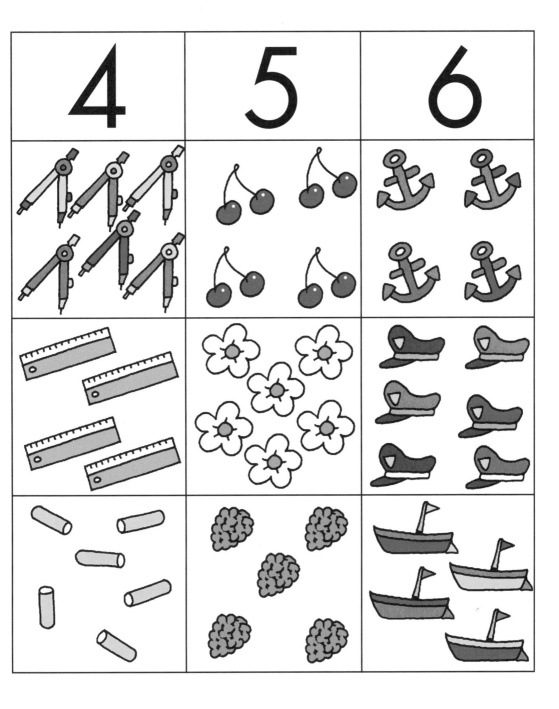

Le chiffre 4

Objectif : apprendre à associer le chiffre 4 avec un nombre d'objets.

4 paons.

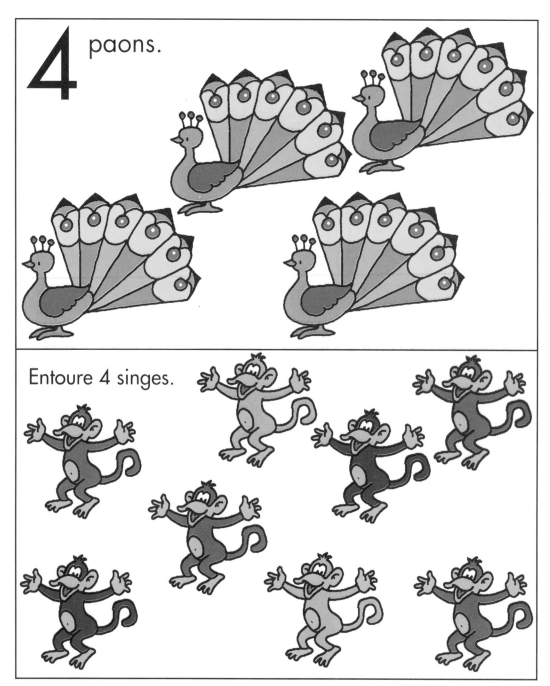

Entoure 4 singes.

L'igloo

Passe avec ton crayon sur les lignes pointillées.

Objectif : apprendre à dessiner des courbes.

Lourd ou léger ?

Entoure dans chaque rangée les choses ou les animaux les plus lourds en jaune et les plus légers en bleu.

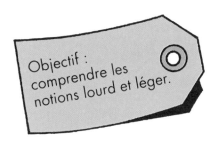

Objectif : comprendre les notions lourd et léger.

Additionner

Résous ces petites additions.

Objectif : apprendre à additionner.

$2 + 2 =$

$1 + 4 =$

$3 + 0 =$

$3 + 3 =$

$7 + 1 =$

$4 + 3 =$

Le chiffre 5

Objectif : apprendre
à associer le chiffre
5 avec un nombre
d'objets.

5 couronnes.

Entoure 5 coquillages.

Plus et moins

Entoure dans chaque rangée le groupe qui comporte le plus d'animaux.

Objectif : maîtriser les notions plus et moins.

Les losanges et les ovales

Entoure tous les losanges en orange et tous les ovales en mauve.

Objectif : reconnaître des formes géométriques telles que le losange et l'ovale.

Compter

Relie chaque groupe d'objets au
chiffre correspondant.

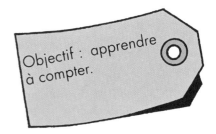
Objectif : apprendre
à compter.

6
7
8
9
10

Le chiffre 6

Objectif : apprendre à associer le chiffre 6 avec un nombre d'objets.

6 potirons.

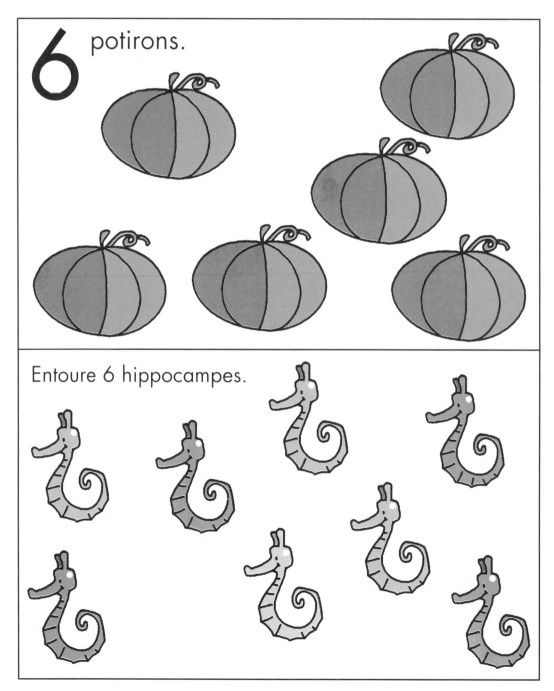

Entoure 6 hippocampes.

Quelle heure était-il ?

Dessine dans la colonne de droite les aiguilles de ces horloges pour qu'elles indiquent chaque fois une heure de moins.

Objectif : apprendre à lire l'heure.

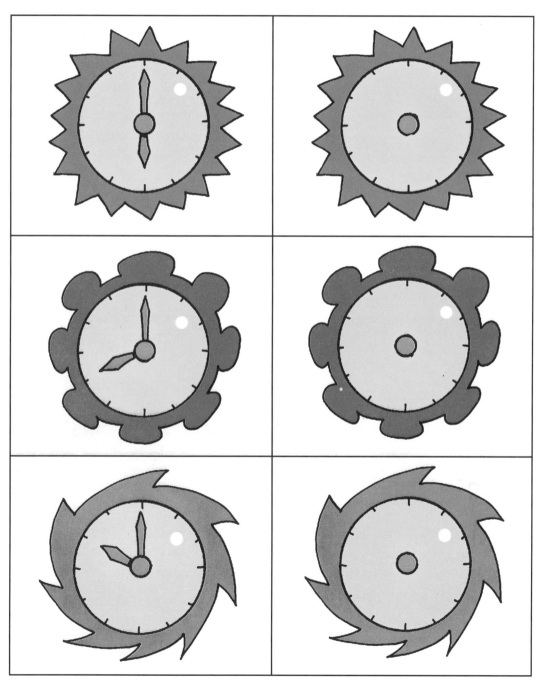

Diviser

Dans chaque colonne, entoure des groupes de 2, 6 et 4 objets.

Objectif : former des ensembles.

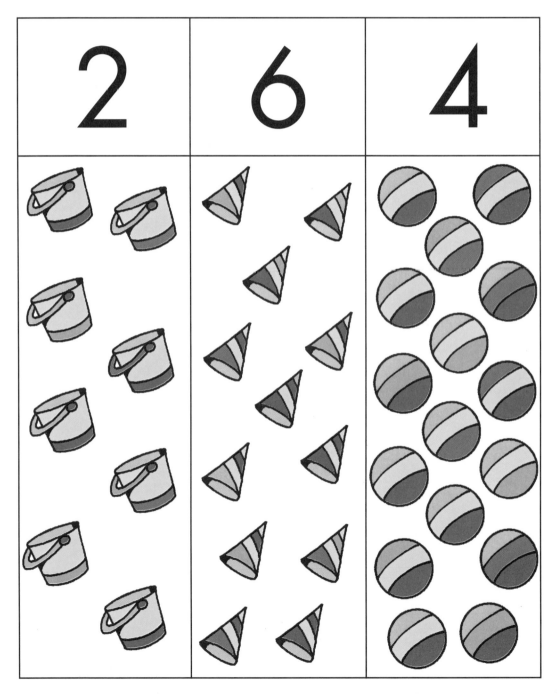

Le chiffre 7

Objectif : apprendre à associer le chiffre 7 avec un nombre d'objets.

7 cactus.

Entoure 7 pralines.

La ligne courbe

Passe avec ton crayon sur les lignes pointillées.

Objectif : apprendre à tracer des lignes courbes.

Compter de 7 à 9

Entoure dans chaque colonne la case qui comporte autant de sujets qu'indiqué par le chiffre placé en haut.

Objectif : associer un chiffre à un ensemble comportant le même nombre d'éléments.

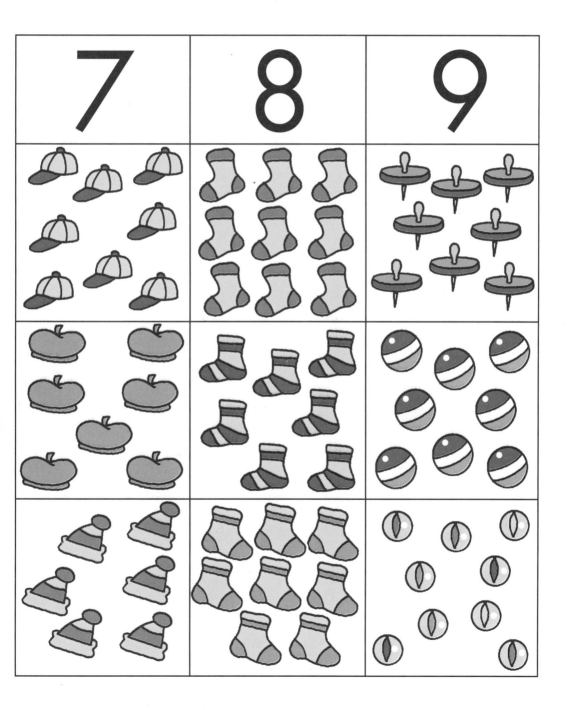

Les fruits

Passe avec ton crayon sur les lignes pointillées.

Objectif : apprendre à dessiner des courbes.

Le chiffre 8

Objectif : apprendre à associer le chiffre 8 avec un nombre d'objets.

8 écharpes.

Entoure 8 coccinelles.

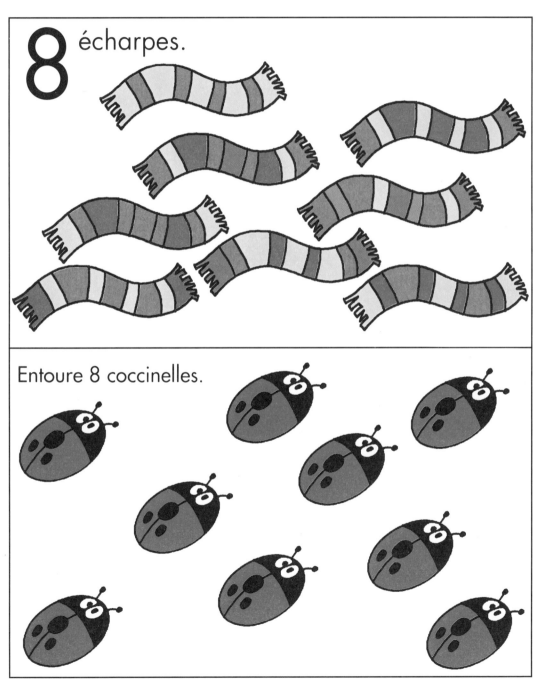

Lourd ou léger ?

Entoure dans chaque rangée les choses les plus lourdes en jaune et les plus légères en bleu.

Objectif : comprendre les notions lourd et léger.

Additionner

Résous ces petites additions.

Objectif : apprendre à additionner.

5 + 2 =

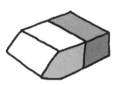

6 + 3 =

8 + 0 =

7 + 1 =

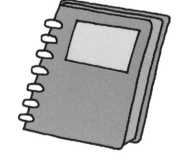

4 + 4 =

3 + 6 =

Le chiffre 9

Objectif : apprendre à associer le chiffre 9 avec un nombre d'objets.

9 lapins.

Entoure 9 pelotes de laine.

Les losanges et les ovales

Entoure tous les losanges en orange et tous les ovales en mauve.

Objectif : reconnaître des formes géométriques telles que le losange et l'ovale.

Compter de 7 à 9

Entoure dans chaque colonne la case qui comporte autant de sujets qu'indiqué par le chiffre placé en haut.

Objectif : associer un chiffre à un ensemble comportant le même nombre d'éléments.

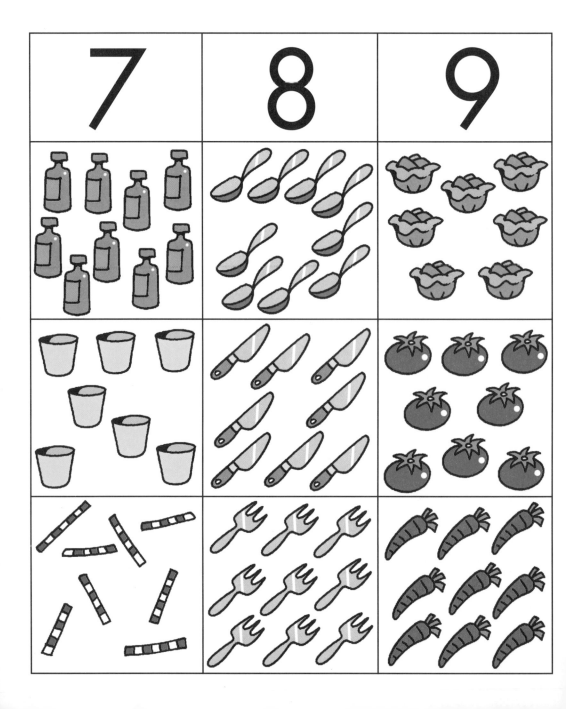

Additionner

Résous ces petites additions.

Objectif : apprendre à additionner.

3 + 1 =

5 + 5 =

4 + 2 =

7 + 1 =

5 + 3 =

1 + 0 =

Le nombre 10

Objectif : apprendre à associer le nombre 10 avec un nombre d'objets.

10 ampoules.

Entoure 10 sucettes.

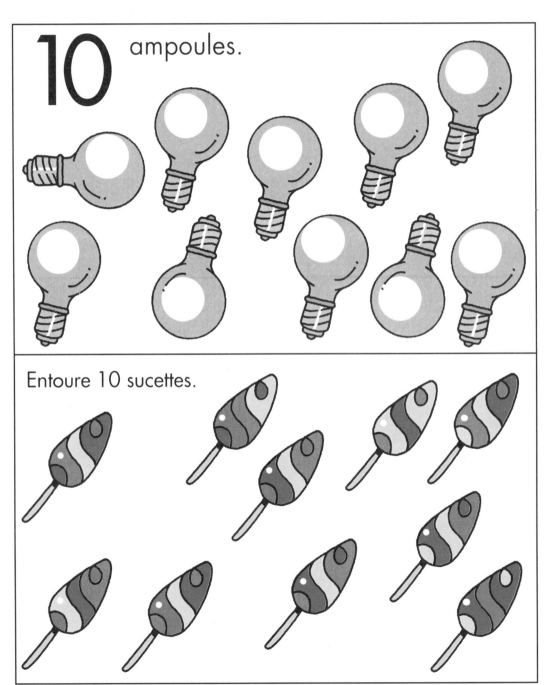